DIE REIHE
*Archivbilder*

# NEUMARKT IN DER OBERPFALZ

Mit ihrem 72 Meter hohen Turm prägt die Stadtpfarrkirche St. Johannes das Stadtbild Neumarkts.

DIE REIHE
*Archivbilder*

# NEUMARKT IN DER OBERPFALZ

Frank Präger

SUTTON
VERLAG

Sutton Verlag GmbH
Hochheimer Straße 59
99094 Erfurt
http://www.suttonverlag.de
Copyright © Sutton Verlag, 2006

ISBN-10: 3-86680-053-3 | ISBN-13: 978-3-86680-053-3

Druck: Oaklands Book Services Ltd., Stonehouse | GL, England

# Inhaltsverzeichnis

| | |
|---|---:|
| Die Entwicklung Neumarkts im 19. und 20. Jahrhundert | 7 |
| Bildnachweis | 8 |
| 1. Auf Straßen und Plätzen | 9 |
| 2. Ereignisse und öffentliches Leben | 35 |
| 3. Vereine, Sport, Freizeit und Beruf | 61 |
| Quellen und Literatur | 95 |

Paul Strähle fotografierte 1936 Neumarkt aus dem Flugzeug.

# Die Entwicklung Neumarkts im 19. und 20. Jahrhundert

Die Anfang des 12. Jahrhunderts als planmäßige Marktgründung an der Kreuzung der Handelsrouten Nürnberg–Regensburg und Landshut–Eger entstandene Stadt Neumarkt war lange Zeit von Handel, bürgerlichem Handwerk und Landwirtschaft geprägt. Mit der Eröffnung des Hafens am Ludwig-Donau-Main-Kanal im August 1843 gewann die Stadt Anschluss an das süddeutsche Kanalnetz. Zahlreiche Mühlen mussten daraufhin geschlossen werden, da das Wasser der sie betreibenden Bäche dem Kanal an seiner Scheitelhaltung zugeführt wurde. Als Ersatz wurde 1848 eine Kunstmühle in Betrieb genommen. Sie war die zweite nach amerikanischem Vorbild errichtete Mühle dieser Art in Bayern und der erste Vorbote der Industrialisierung in Neumarkt. (Die erste Kunstmühle fand ihren Standort am Dutzendteich bei Nürnberg).

1862 legte die erste jüdische Familie Neumarkts den Grundstein für die neuzeitliche israelitische Kultusgemeinde. Die Familie war nach der Auflösung der mittelalterlichen jüdischen Gemeinde 1555 aus Sulzbürg nach Neumarkt gezogen. Weitere jüdische Familien kurbelten als Kaufleute, Bankiers und Fabrikanten die hiesige Wirtschaft an. Stellvertretend seien hier das Bankhaus Oettinger und Söhne, das Kaufhaus Kraus & Ambach sowie die Fahrradfabrik Gebr. Goldschmidt, die späteren Expresswerke, genannt. Letztere produzierten als eine der ersten Fabriken in Kontinentaleuropa Fahrräder, zu Beginn des 20. Jahrhunderts kurzzeitig auch Automobile.

1871 sorgte der Bahnanschluss an die Linie Nürnberg–Regensburg für eine weitere Aufwertung des Standorts Neumarkt. Bedeutsame Industriebetriebe kamen im letzten Drittel des 19. Jahrhunderts hinzu: die von dem Franzosen Louis Cahuc gegründete Sprengstofffabrik, das Eisenwerk Neumarkt, nach dem Ersten Weltkrieg die Bleistiftfabrik Barensfeld / Eberhard Faber und die Holzfabrik G. A. Pfleiderer. Eberhard Faber war ein Nachkomme eines in die USA ausgewanderten Sohnes der Steiner Bleistiftfabrikanten Faber, G. A. Pfleiderer stammte aus dem Württembergischen, der Stammsitz der Firma lag in Heilbronn am Neckar.

Auch das Militär war im 19. Jahrhundert in Neumarkt ein wichtiger Wirtschaftsfaktor. 1592 zur Bekämpfung bürgerlicher Unruhen in die Stadt geholt, als die lutherische Stadtbevölkerung gegen die Calvinisierung protestierte, erhielten die in bürgerlichen Wohnhäusern einquartierten Soldaten um 1720 eigene Kasernengebäude. Von 1801 bis 1909 waren verschiedene Kavallerie-Einheiten in Neumarkt stationiert, bis schließlich die letzte Eskadron nach Bayreuth abgezogen wurde. Die Kasernengebäude wurden mit einigen städtischen Ämtern sowie Sozialwohnungen belegt, das Offizierskasino wurde zu einer Volksschule ausgebaut, und den Reitstadel nutzte man als städtisches Lagerhaus.

Eine 1894 errichtete Militärpferdezuchtanstalt (Remontenanstalt), auch Fohlenhof genannt, sollte den sich abzeichnenden Verlust der Garnison ausgleichen. Sie wurde aber nach Beendigung des Ersten Weltkriegs aufgelöst, da gemäß der Friedensbestimmungen die Militärstreitkräfte erheblich reduziert werden mussten. Die Gebäude übernahm größtenteils die Bleistiftfabrik Barensfeld. Markante Bauten der 1930er-Jahre waren die Turnhalle an der Mariahilfstraße und das Hitlerjugendheim am Schlossweiher (spätere Mädchenrealschule). Gegen Ende des Zweiten Weltkriegs fielen weit über 90 Prozent der historischen Innenstadt den Bomben und Granaten amerikanischer Artillerie und Jagdbomber zum Opfer. Verhältnismäßig schnell konnten diese Zerstörungen wieder beseitigt werden – dank des vor der Stadt unzerstört gebliebenen Ziegelwerks und einer Zementfabrik sowie mehrerer Holzwerke.

In der ersten Hälfte des 19. Jahrhunderts war die Bevölkerungszahl Neumarkts noch rückläufig. Von 4.200 im Jahr 1840 sank sie kontinuierlich bis auf 3.810 1855, um dann allmählich wieder zu wachsen. 1871 hatte die Stadt 4.513 Einwohner, 1880 bereits 5.071, 1900 6.041, 1925 7.766 und 1939 10.555. Nach einem kriegsbedingten Rückgang stieg die Bevölkerungszahl ab 1946 stetig an und erreichte 1971 19.512. Durch die Eingliederung von neun Gemeinden im Zuge der Gebietsreform konnte man 1972 bereits 28.735 Einwohner zählen. 1980 überschritt man mit 30.477 Einwohnern die nächste 10.000er-Marke, mit 40.580 wurde 1998 die nächste Hürde genommen.

# Bildnachweis

Das Gros der in diesem Band veröffentlichten Fotos stammt aus der sogenannten Sammlung Heinrich, die der frühere Leiter des Stadtmuseums Herbert Heinrich zum größten Teil aus privaten Fotoalben reproduzierte. Seiner engagierten Sammlertätigkeit verdankt die Stadt eine umfangreiche Bildsammlung, die sie im November 1986 erwarb. Als Originalnegative im Stadtmuseum und in digitalisierter Form im Stadtarchiv stellen sie eine viel genutzte Quelle der Neumarkter Stadtgeschichte dar. Diese umfasst neben eigenen Fotos von Herrn Heinrich Reproduktionen von Fotos privater Provenienz und Ansichtskarten.

Das Luftbild auf Seite 6 stammt aus dem Bestand der Strähle KG (LB Nr. 26031), aus dem Bildarchiv Marburg die Aufnahme auf Seite 28 unten, aus den National Archives in Washington die Aufnahme auf Seite 30 unten. Das Foto auf Seite 75 unten wurde einem Express-Album des Stadtmuseums entnommen und das auf Seite 59 unten von Hanns Obermüller zur Verfügung gestellt.

Zeitlich erstreckt sich die Bildauswahl von 1850 bis 1970, mit dem Schwerpunkt auf dem Zeitraum von 1900 bis 1945. Dabei war es ein besonderes Anliegen, Menschen in ihren verschiedenen Lebensbereichen zu zeigen.

# 1
# Auf Straßen und Plätzen

Einem Fridericus de Niuwenmarchte verdankt Neumarkt zwischen 1130 und 1140 seine erste urkundliche Erwähnung. Er erscheint als Zeuge einer Besitzübergabe des Klosters Prüfening bei Regensburg. Märkte spielten besonders im 19. und beginnenden 20. Jahrhundert noch eine große Rolle für das Wirtschaftsleben der Stadt. Hier sieht man das Markttreiben auf der Unteren Marktstraße. Seit 1856 wurden insgesamt sieben Jahrmärkte abgehalten: am Montag nach Lichtmess, nach dem Weißen Sonntag, am Pfingstdienstag, auf Margaretha, am Sonntag vor Michaelis und nach Martini. Dazu kamen diverse Wochen- und Viehmärkte.

Großviehmärkte fanden von Februar bis einschließlich November monatlich statt. Der erste Zuchtbullenmarkt war am 4. Mai 1912. Das Bild zeigt die Obere Marktstraße um 1905.

Exotische Tiere waren die Attraktion des Zirkus' von A. Fischer und C. Holzmüller, der Ende Juli / Anfang August 1927 in Neumarkt gastierte. Ein besonderer Gast war einer der amerikanischen Ringling-Brüder, die 1907 den Zirkus Barnum gekauft hatten. Der sonst so wortkarge Mann äußerte sich anerkennend über die vielen Tiere.

Vor dem Rathaus ist ein Moritatensänger aufgezogen. Das Foto entstand um 1900.

Liebigs Volkstheater zeigte 1895 Puppentheater auf der Oberen Marktstraße.

Der steinerne Neptunbrunnen vor dem Rathaus wurde 1869 durch einen gusseisernen Brunnen im Stil des „Schönen Brunnens" in Nürnberg ersetzt.

Vor der Ruine des Rathauses spielt sich 1953 das Marktgeschehen auf der Unteren Marktstraße ab.

Das Rathaus in den 1930er-Jahren. Die Läden waren an Geschäftsleute verpachtet bzw. der Sanitätskolonne zur Nutzung zur Verfügung gestellt. Über den Räumen befand sich der große Sitzungssaal.

Der große Sitzungssaal im Rathaus erhielt 1905/06 eine neue Holzdecke und wurde 1910 renoviert. Die beiden Gemälde von Professor Herterich in München zeigen Pfalzgraf Friedrich II. und dessen Gemahlin Dorothea. Der Künstler hatte die Bilder am 7. Juli 1909 persönlich nach Neumarkt gebracht.

Die Litfaßsäule neben dem Rathaus wurde am 3. Mai 1929 aufgestellt. Der Kunstbrunnen im neugotischen Stil ersetzte 1869 den steinernen Neptunbrunnen. Anfang der 1930er-Jahre musste er weichen, da der Platz vor dem Rathaus für nationalsozialistische Großveranstaltungen benutzt wurde.

Noch sind Autos eine Seltenheit auf der Oberen Marktstraße. Das Foto stammt vermutlich aus dem Jahr 1935.

Die Klostergasse führte zum außerhalb der Stadtmauern gelegenen, 1803 säkularisierten Kapuzinerkloster; rechts ist der Erker des Magistratsgebäudes zu erkennen.

An der Sterngasse lag das Anwesen mit dem Hausnamen „Herrgottsweber", benannt nach dem Kruzifix an der Hauswand.

Der Pulverturm war einst Bestandteil der mittelalterlichen Stadtbefestigung.

Am Stadtrand standen die Häuser der weniger begüterten Bevölkerungsschichten – hier die in der Pulverturmgasse. Man kann sehr schön die Abwasserrinnen erkennen, die aus der Zißlergasse kommen. Das Abwasser wurde unter einem Gebäude durch die Stadtmauer in den Stadtgraben geleitet.

Die von den Armen Schulschwestern geführte Mädchenschule wurde am 23. Juli 1863 eröffnet. 1891 kam eine Höhere Töchterschule hinzu, 1950 eine Mädchenmittelschule.

Die 1874 als Landesgewerbeschule begründete Einrichtung wurde 1898 zur Realschule umgewandelt. 1929 verstaatlicht, wurde sie 1938 zur fünfklassigen Oberrealschule und erhielt 1947/48 die erste Klasse eines Humanistischen Gymnasiums.

Nach der Eröffnung des Bahnhofs 1871 entwickelte sich vor dem Oberen Tor die Bahnhofstraße als neue Verkehrsachse. Auf die in Bahnhofsnähe entstehende Industrie verweist der Kamin des Dampfsägewerks Goldschmidt (1925).

Über die Mariahilfstraße gelangt man von der Stadt zum Fuß des Mariahilfbergs und zum Beginn des Kreuzwegs, der zur Wallfahrtskirche führt (Foto von 1925).

Der städtische Schlachthof vor dem Unteren Tor an der Nürnberger Straße konnte am 16. August 1912 in Betrieb genommen werden (Foto von 1914).

Das städtische Krankenhaus entstand anstelle des alten Siechenhauses bei Sankt Anna an der Nürnberger Straße. Es wurde am 15. Oktober 1837 eröffnet und von den Barmherzigen Schwestern betrieben. Nach den Plänen von Stadtbaurat Kern erweiterte man die Anstalt von Juni bis Dezember 1926.

Das staatliche Forstamt befand sich in der Kapuzinerstraße (Foto um 1910).

Die Stadt erwarb am 7. Januar 1925 von Eugen Riedner die 2,263 Hektar große Fläche der ehemaligen Schlossschanze und gestaltete sie als Stadtpark neu. Beim „Hotel Wunder" an der Mühlstraße befand sich ein Eingang (Foto von 1930).

Zur besseren Versorgung der Stadt mit Wasser diente der 1894 erbaute Hochbehälter auf dem Fuchsberg.

Gütermotorschiffe waren auf dem Ludwig-Donau-Main-Kanal eher die Ausnahme, in der Hauptsache verkehrten auf ihm von Treidelpferden gezogene Kähne.

Die Kriegszerstörungen am Kanal sorgten dafür, dass manchem Schiff der Zugang zum Wasserstraßennetz versperrt wurde. Ein Eisenbahnkran hob am 12. April 1950 an der Bahnbrücke bei Greißelbach zwei „hängengebliebene" Binnenschiffe zum Weitertransport auf Tieflader – hier den Frachtkahn „Bamberg".

Im Bahnhof an der Strecke Nürnberg–Regensburg war eine größere Zahl von Beamten, Angestellten und Arbeitern beschäftigt; hier die Belegschaft um 1900.

Eines der ersten Automobile vor den Mauern der Stadt. Vor der Tordurchfahrt lag das kleine Pflasterzollhäuschen. Von 1919 bis 1935 erhob man auch von Kraftfahrzeugen diesen Straßennutzungszoll. Das Foto entstand 1910.

Am 26. März 1936 überflog das Luftschiff LZ 127 „Graf Zeppelin" die Stadt.

Die Angehörigen der in Neumarkt stationierten Kavallerieeinheit nutzten den Schlossweiher als Pferdeschwemme zur Reinigung ihrer Reit- und Zugtiere (Foto um 1890).

Mitglieder des 1906 gegründeten Neumarkter Reitervereins feierten im September 1921 das 15. Stiftungsjubiläum.

Die weiten Sandflächen südlich der Stadt dienten der Garnison als Exerzierplatz. Nach dem Ersten Weltkrieg errichtete hier die 1894 in Heilbronn am Neckar gegründete Holzfirma G. A. Pfleiderer ein Zweigwerk, das bis 1960 zum größten deutschen Holzwerk wachsen sollte.

Zur Aufnahme verwundeter und erkrankter Soldaten wurde hinter dem Krankenhaus während des Ersten Weltkriegs ein Reservelazarett in Barackenbauweise errichtet.

Die Versorgungsnot führte zu mancherlei interessanten Experimenten. Die Champignonzuchtanlage im Hirschenwirtskeller war von 1916 bis 1919 in Betrieb.

Die Wehrmacht hielt nach ihren Siegen in den ersten Kriegsjahren des Zweiten Weltkriegs auch in der Heimat Militärparaden ab.

Im Gefängnis beim Amtsgericht waren auch amerikanische Kriegsgefangene untergebracht. Hier zwei Angehörige der US-Airforce: Oberleutnant James H. White und Leutnant Bobbye McDugh. Das Foto datiert auf den 8. April 1945.

Zur Vermeidung weiterer Schäden versah man das im Zweiten Weltkrieg zerstörte Rathaus mit einem Notdach (Foto vor 1957).

Auch das staatliche Vermessungsamt wurde im Zweiten Weltkrieg ein Raub der Flammen. Innerhalb der alten Stadtbefestigung wurden 521 von 573 Gebäuden völlig zerstört.

Trotz Zerstörung, Not und Elend – das Leben musste weitergehen. Das Foto zeigt das zerstörte Kaufhaus Döpfer an der Ecke Untere Marktstraße / Klostergasse.

Eine Kindheit zwischen Ruinen, hier vor den Resten der Knabenschule in der Grünbaumwirtsgasse – so erlebte die Jugend die unmittelbare Nachkriegszeit.

Die Untere Marktstraße: Das Untere Tor war noch im April 1945 gesprengt worden. Erst über 50 Jahre später erstand an dieser Stelle ein Neubau.

Eher unbefangen gestaltete sich der Kontakt der Stadtjugend mit den amerikanischen Besatzungssoldaten. Bisweilen gab es Kaugummi oder Schokolade.

Joan Hawesch arbeitete als Chauffeur des US-Militärverwalters von Neumarkt. Hier ist er vor seinem Dienstfahrzeug zu sehen.

Die Obere Marktstraße um 1948 als Großbaustelle: Der rasche Wiederaufbau der zerstörten Innenstadt brachte Neumarkt das Prädikat der „aufbaufreudigsten Stadt" Bayerns.

Die in den Jahren von 1718 bis 1727 gebaute Wallfahrtskirche Mariahilf ist das markante Wahrzeichen des gleichnamigen Berges. 1906 errichtete man neben der Kirche ein Karmelitenkloster.

Die Burgruine Wolfstein war auch früher ein beliebtes Ziel für Familienausflüge. Die 1293 erstmals urkundlich erwähnte Anlage erwarb 1465 der Wittelsbacher Pfalzgraf Otto II. Zunächst mit einem Verwalter besetzt, verfiel die Burg ab dem 17. Jahrhundert (Foto vom Juli 1926).

Das sogenannte „Brunnenhäuschen" am Fuchsberg beherbergte eine kleine Gastwirtschaft.

Die Hütersfrau Kohlmeier stammte aus Schafhof. Sie ist hier vor der Burgruine Wolfstein zu sehen, um 1900.

Sonntagsspaziergänger posieren für den Fotografen auf einem abgeernteten Feld vor dem Dorf Schafhof, im Hintergrund erkennt man die Burgruine Wolfstein.

Weithin sichtbar bildete die Mariahilfkirche mit dem 1906 erbauten Karmelitenkloster neben der Burgruine Wolfstein ein weiteres Wahrzeichen der Stadt.

# 2
# Ereignisse und öffentliches Leben

Im Mai 1906 besuchte Prinz Ludwig von Bayern die 41. landwirtschaftliche Wanderausstellung in Neumarkt. Unter anderem fand in seiner Anwesenheit die Eröffnung des neuen städtischen Museums statt. Hier nimmt er vor dem Rathaus die Huldigung der Schuljugend entgegen.

Standesgemäß fuhr man bei Feierlichkeiten mit der Pferdekutsche vor das Rathaus.

Mit der Nagelung der Torschmied-Statue des Bildhauers Johann Koller war gleichzeitig eine Geldspende zur Finanzierung der Kriegsfürsorge verbunden. Vom 24. April 1916 bis zum 5. November 1916 wurde eifrig genagelt.

Am 17. März 1926 traf die neue Straßendampfwalze in Neumarkt ein und wurde zum ersten Mal beim Ausbau der Feldstraße eingesetzt.

Das neue Feuerwehrauto der Freiwilligen Feuerwehr Neumarkt bei der Probefahrt nach Berching am 29. November 1925. Landgemeinden mussten bei Einsätzen zahlen, dies sorgte für manche Missstimmung zwischen Stadt und Bezirksamt.

1933 ließ die Stadt dem im Anwesen Untere Marktstraße 3 geborenen Dichter Dietrich Eckart, einem frühen Weggefährten Adolf Hitlers, im Stadtpark ein Denkmal setzen.

Zur Einweihung des Denkmals kam Adolf Hitler am 29. Oktober 1933 nach Neumarkt. Gauleiter Schemm hatte am Vortag die umbenannte Dietrich-Eckart-Schule eingeweiht.

Adolf Hitler mit Gefolgschaft bei der Einweihung im Stadtpark. Bei der Frau handelt es sich möglicherweise um die aus Beilngries im Altmühltal stammende Eva Braun.

Beim Verlassen der Brauereigaststätte „Lammsbräu" wurde Adolf Hitler bereits von einer Menschenmenge erwartet.

Grundsteinlegung zum Bau des Hitlerjugendheims am Schlossweiher. Es wurde am 4. Dezember 1938 eingeweiht.

Die Feier anlässlich des 70. Geburtstages des Dichters Dietrich Eckarts. In ihm hatte Neumarkt eine geeignete nationalsozialistische Vorzeigefigur gefunden. Auf Postkarten nannte man sich Dietrich-Eckart-Stadt.

Aufmärsche und Appelle waren beliebte Mittel der Demonstration von Stärke und Macht. Neben dem Rathausplatz bildete die Wiese vor dem Dietrich-Eckart-Denkmal im Stadtpark einen geeigneten Platz für derartige Veranstaltungen.

Der Reichsarbeitsdienst hatte in der früheren Kunstmühle / Papierfabrik in der Mühlstraße sein Lager aufgeschlagen.

Wahlkampf am 9. April 1938, dem sogenannten Tag des Großdeutschen Reiches. Während im Reich am folgenden Tag 99,08 % Adolf Hitler wählten, erreichte man in Neumarkt „nur" 95,4 %.

In Neumarkt war die Arbeitsdienstabteilung „Dietrich Eckart", Gruppe 1/296 des Reichsarbeitsdienstes beheimatet.

Als Stadt mit überregionaler Bedeutung war Neumarkt Sitz einiger zentraler Einrichtungen der NSDAP, so auch der Kreisschule im so genannten Neumüllerkeller.

Gauleiter Fritz Wächtler bei der Einweihungsfeier der Heimstättensiedlung für Flüchtlinge, Ausgebombte und Arbeiter der Expresswerke.

Auch der Direktor der Expresswerke Viktor Lentz war bei der feierlichen Schlüsselübergabe als Ehrengast eingeladen.

Wie bereits im Ersten Weltkrieg benötigte die Kriegswirtschaft auch im Zweiten Weltkrieg das Metall der Kirchenglocken. Die im Sommer 1942 abgenommenen Glocken kamen in ein Sammellager in Hamburg.

Nach Kriegsende konnten einige Glocken im Sammellager wiedergefunden und am 30. Juni 1947 heimgeholt werden.

Eine Fronleichnamsprozession beim Einzug durch das Untere Tor: Man zog mit dem Allerheiligsten zu verschiedenen in der Stadt aufgestellten Altären.

Die vornehmen Bürgerinnen und Bürger ließen sich mit Pferdekutschen zur Kirche fahren.

Die Hofkirche (Unsere Liebe Frau) wurde erst 1947 zur Pfarrkirche mit einem eigenen Sprengel. Die Corpus-Christi-Bruderschaft sorgte sich seit 1628 um das religiöse Leben in dieser Kirche, besonders auch um das 40- und 10-stündige Gebet in der Fastenzeit bzw. am Allerseelensonntag im November.

Bürgermeister Weißenfeld und Prinz Ludwig von Bayern nahmen 1906 an der Fronleichnamsprozession teil. Die Reihenfolge war genau geregelt: 1. Volksschule: a) Knaben und die Fortbildungsschüler, b) Mädchen. 2. Mädchenmittelschule. 3. Volksfortbildungsschülerinnen. 4. Realschule. 5. Jungfrauen. 6. Jungfrauenkongregation. 7. Arbeiterinnenverein. 8. Frauenbund. 9. Männlicher Jugendverein. 10. Gesellenverein. 11. Arbeiterverein. 12. Kloster St. Joseph. 13. Erstkommunikanten. 14. Musik. 15. Geistlichkeit. 16. Das Allerheiligste. 17. Behörden. 18. Männer. 19. Frauen.

Nur vier Mädchen waren in dieser Realschulkasse in den 1920er-Jahren.

Am 30. Oktober 1899 begann der erste Unterricht an der landwirtschaftlichen Winterschule in Neumarkt. 65 Absolventen gründeten am 26. Dezember 1905 den Verein ehemaliger Landwirtschaftsschüler.

Das Kriegerdenkmal für die Gefallenen des Krieges 1870/71 stand von 1877 bis 1954 vor dem einstigen Oberen Tor. Es wurde dann in den Ludwigshain versetzt.

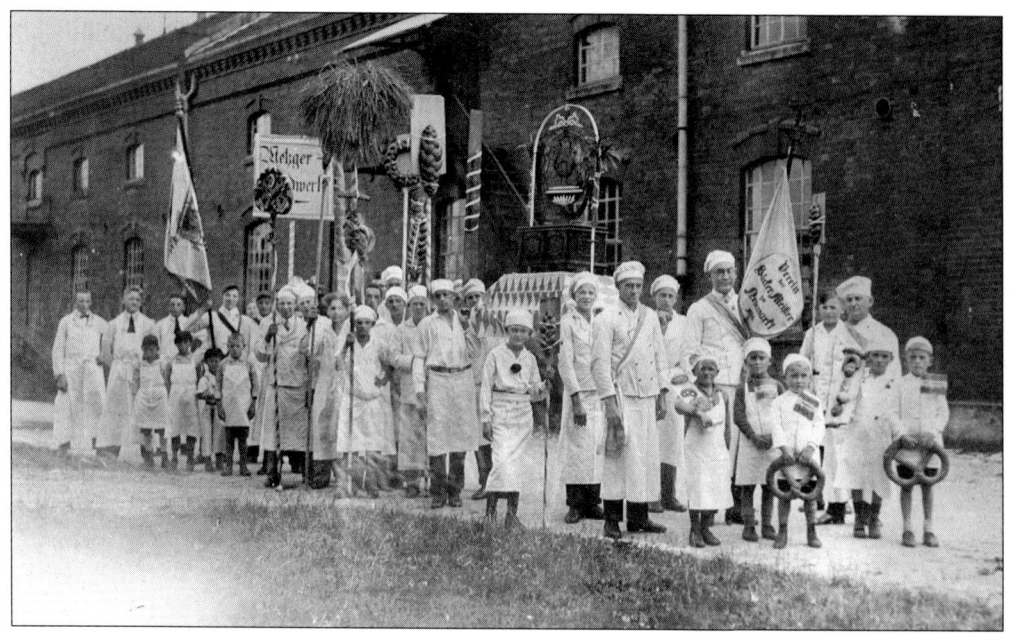

Wie in anderen Märkten und Städten waren auch in Neumarkt die Handwerker in Zünften organisiert. Hier stellen sich Meister, Gesellen und Lehrlinge der Bäcker- und Metzgerinnung zum Volksfestzug auf (Foto aus den 1930er-Jahren).

Vor dem Gasthaus „Zum grünen Baum" und dem Möbelgeschäft Herb bereitet sich ein Musikzug zur Teilnahme an einem Festzug vor.

Vor dem Verwaltungsgebäude der Bleistiftfabrik Barensfeld und Co. (Eberhard Faber) formiert sich der Festzug zum Volksfest.

Eine Gruppe Turner in ihrer charakteristischen weißen Bekleidung nimmt an einem festlichen Umzug teil.

Im August 1935 zieht der Volksfestzug über die Obere Marktstraße.

Ein Festzug marschiert über die Obere Marktstraße zum südlichen Stadtausgang.

In dem sogenannten Freudenberger Anwesen an der Ecke Obere Marktstraße / Ringstraße befanden sich das gleichnamige Salamander-Schuhgeschäft (Inhaber Lazarus Frank), die Drogerie Fritz Feist und die Textilgeschäfte Karl Thoma und Abraham Baruch.

Der Neumarkter sowie auswärtige Turnvereine feiern auf der Oberen Marktstraße.

Seit 1829 werden in Neumarkt Volksfeste gefeiert. Von 1906 bis 1943 und von 1954 bis 1979 diente hauptsächlich der Tummelplatz an der Ringstraße auch als Volksfestplatz.

Einige Volksfeste fanden beim Turnerheim in der Mariahilfstraße statt (Foto um 1930).

Beim Volksfestumzug im August 1954 präsentierte man der Bevölkerung ein Modell des geplanten Rathauswiederaufbaus, der 1957 in die Tat umgesetzt wurde.

Die Landgemeinden stellten traditionell Wagen und Fahrzeuge für den Festzug.

Das Volksfest 1950 dauerte vom 12. bis 20. August. Der Festzug ging noch an Kriegsruinen vorbei über die Marktstraße.

Ein Rinderfuhrwerk der Brauerei Gloßner bei einem Volkfestzug auf der Oberen Marktstraße: Den Neumarkter Brauereien, die abwechselnd das Festbier lieferten, brachten diese großen Feste Ehre und finanzielle Gewinne zugleich.

Bürgermeister Theo Betz dirigierte beim Volksfest 1954 die Stadtkapelle im Festzelt.

In den 1970er-Jahren posieren die Volksfest-Bedienungen vor der Wellblechhalle am Tummelplatz (oben) und mit einem unbekannten Herrn. 1963 wurde das bislang geräumigste Festzelt mit Platz für 4.500 Personen aufgebaut. Um deren Durst zu stillen, bedurfte es vieler fleißiger Damen.

Neben den alteingesessenen Brauereien Gansbräu, Lammsbräu und der Brauerei Gloßner kam als vierte die Brauhaus GmbH in der Badstraße (Humbser-Brauerei) hinzu.

Ein futuristisches Raketengefährt war die Attraktion eines Volksfestzuges in den 1960er-Jahren.

Ein Festzug zieht vor der Sparkasse beim einstigen Oberen Tor vorüber, in der Mitte eine Gruppe des Reitervereins.

Die Grundsteinlegung der sogenannten Schießstättenschule, deren Bau aus Mitteln der McCloy-Stiftung im Rahmen des Marshallplans finanziert wurde, fand am 3. August 1951 statt. Zu sehen sind Bürgermeister Theo Betz (2. von links), Stadtrat Georg Weidner (stehend, 2. von rechts) und Resident-Officer John G. Kormann (stehend, ganz rechts).

# 3

# Vereine, Sport, Freizeit und Beruf

Biergärten – hier der „Neumüllerkeller" an der Badstraße – waren im Sommer beliebte Treffpunkte für Einheimische und Touristen. Nürnberger Mariahilfberg-Wallfahrer kehrten ebenso gerne ein wie Mitglieder des Gesangvereins Liederkranz, des Männerturnvereins und des Radfahrervereins Concordia, die hier oft ihre geselligen Veranstaltungen abhielten.

Beliebtes Ausflugsziel für den Sonntagsspaziergang war der sogenannte Pilz im Stadtpark.

Der Eichenhain beim Mineralwildbad diente den Kurgästen zu Wanderungen. Im Mai 1911 wurde er vom Stadtrat unter die schützenswerten Naturdenkmale aufgenommen.

Mitglieder des 1856 gegründeten Katholischen Gesellenvereins (Kolpingfamilie) versammelten sich zum Gedenken an ihren Gründungsvater.

Im Vereinshaus an der Adlergasse, der späteren Adolf-Kolping-Straße, fanden die Weihnachtsfeiern des Katholischen Gesellenvereins statt.

Bezirksoberlehrer Johann Lunzer übernahm bei den Passionsspielen 1922 die Rolle des Christus.

Das Theaterspiel hat in Neumarkt eine lange Tradition, besonders der Katholische Gesellenverein pflegte sie auf der vereinseigenen Bühne.

Das Theaterspiel wurde von verschiedenen Vereinen passiv und aktiv gepflegt. Während die Theatergemeinde Neumarkt Aufführungen auswärtiger Tourneegruppen organisierte, vor allem der Bayerischen Landes- und Musikbühne, setzten der Gesellenverein und vielerlei Sportvereine bis hin zum Geflügelzuchtverein oder Kanarienzucht- und Vogelschutzverein auf Eigenproduktionen mit Laien. Oft dienten die Einnahmen zur Finanzierung der Vereinsaufgaben. Hier zwei Fotos des Katholischen Gesellenvereins.

Die Turnerinnen schwenken die Fahnen mit den Farben Weiß-Blau für Bayern und Schwarz-Weiß-Rot (von 1933 bis 1945 die Farben der Nationalflagge).

Schauturnen auf dem Tummelplatz 1935. Der Dachreiter gehört zur Kapelle des Heilig-Geist- bzw. des Bürgerspitals Neumarkt.

Eine Übung der 1860 gegründeten Freiwilligen Feuerwehr Neumarkt auf der Unteren Marktstraße.

Die Sportler der 1921 gegründeten Deutschen Jugendkraft – hier mit ihrem Präses und den Sportgruppenleitern – pflegten den friedlichen sportlichen Wettstreit. Am 5. September 1926 verweigerte ihnen jedoch die national orientierte Deutsche Turnerschaft die Teilnahme am Wetturnen bei der 1.000-Jahr-Feier der Stadt Berching.

Nach einer durch den Ersten Weltkrieg bedingten Unterbrechung konstituierte sich der Schachklub im November 1920 unter dem Vorsitz des Distriktsrabbiners Dr. Magnus Weinberg neu. Das „Café Kainz" diente als Vereinslokal, größere Turniere – wie hier – wurden im Rathaussaal durchgeführt.

Die Mitglieder des 1928 offiziell gegründeten Flugsportvereins führten bereits 1922/23 Gleitflüge durch. Mit diesem Pappmachéfluggerät segelte Georg Pfleiderer 1923 vom Lährerberg hinunter. Anlauf hatte er auf Skiern genommen. Motorflüge waren aufgrund des Versailler Vertrags verboten.

An den charakteristischen gestreiften Trikots erkennt man die Fußballmannschaft der Deutschen Jugendkraft.

„Gut Heil!" war das Motto des Männerturnvereins Neumarkt, der im Juni 1919 durch Fusion des Turnverein 1860 StV mit dem Turnerbund Jahn entstanden war.

Die Ringerabteilung eines Neumarkter Sportvereins, evtl. der Freien Turnerschaft.

Obwohl prinzipiell dem Frauenturnen aufgeschlossen gegenüberstehend, verbot der Bischof von Eichstätt noch im Sommer 1927 in Zeitungsaufrufen Katholikinnen das öffentliche Turnen. Doch der allgemeine Trend ließ sich nicht mehr aufhalten. Dieses Bild entstand in der städtischen Badeanstalt.

Die Handball-Damenmannschaft des Reichsbahnsportvereins, die bei Wettkämpfen 1943 bis zum Gaumeister aufsteigen konnte. Von links: 1. Reihe: Betty Meier, Resi Sessler, Erna Rupp; 2. Reihe: Martha Wenda, Hanna Graßl, Lisa Winter, Linda Ullrich, Anni Geißler; stehend: Hertha Ullrich, Maria Graßl, Trudl Kastner und Maria Schlierf.

Bereits in den 1920er-Jahren wurden auf dem Weißmarterberg Motorradrennen veranstaltet, so am 22. August 1926 die Bayerische Bergmeisterschaft, veranstaltet vom Verein Nürnberg-Fürther Motorradfahrer.

Die 1. Mannschaft des ASV 1860 Neumarkt im Jubeljahr 1960: Sepp Müller, Hanns Riedel, Helmut Dannhorn, Rudolf Woldrich, Adolf Schreyer, Karl Neugebauer, Hermann Völkl, Karl Kraus, Mathias Meier, Toni Kraus, Hermann Jaksche, Robert Hösch und Erich Serz.

Am 10. Juli 1927 fanden in der städtischen Badeanstalt Schwimmwettkämpfe statt, die von einem Freundschaftswasserballspiel abgeschlossen wurden, das der 1. FC Regensburg gegen die gemischte Neumarkter Mannschaft 5:1 gewann.

Mit der Eröffnung der neuen städtischen Badeanstalt 1922 gründete sich der Schwimmsportverein Poseidon (Foto von 1923).

Veranstaltungen vor dem Rathaus – hier eine Tanzdarbietung um 1935 – lockten stets viele Zuschauer an.

Mitglieder des Neumarkter Radfahrervereins, des früheren Velociped-Clubs, um 1888. Räder waren teure Luxusartikel. Deshalb war in dem Verein überwiegend die Oberschicht vertreten: Nettl, der Fabrikbesitzer Joseph Goldschmidt, der Drogeriebesitzer Conrad Scharf, der Cafétier Benedikt Kainz, der Gasthof- und Brauereibesitzer sowie Bayerische Landtagsabgeordnete Michael Gößwein, der Drechslermeister Auer, der Oberlehrer Salomon Kahn, Neser und Feinkostgeschäftsinhaber Paul Prebel (stehend, von links). Sitzend erkennt man links den Prokuristen der Expresswerke Duwe.

Am 29. August 1927 veranstaltete der Radfahrerverein 1909 Neumarkt ein großes Straßenrennen von Neumarkt nach Ingolstadt und zurück. 93 Fahrer nahmen teil. Hier erkennt man (von links) Franz Kühn, Max Mohr, Hans Hamberger, Josef Baader (in Zivil), Ludwig Mohr, einen unbekannten Fahrer, Hans Kreuzer und Heinrich Kempsky. Hans Kreuzer fuhr die 166 Kilometer lange Strecke in vier Stunden und 29 Minuten. Die ersten Plätze gingen an Fahrer aus Chemnitz und Leipzig.

Im Frühjahr 1923 veranstaltete der Radfahrerverein 1909 Neumarkt sein traditionelles Straßenradrennen zur Eröffnung der Saison mit zwei Runden nach Deining und Greißelbach. Das Foto zeigt (von links) Georg Zeininger, Michael Schmidt, Georg Hofmeister, Peter Berchtold, Hans Mösl und Hans Schultheiß sowie dahinter weitere unbekannte Fahrer. Sieger wurde Peter Berchtold.

In der Oberen Marktstraße war 1952 die Zieleinfahrt der Deutschlandrundfahrt.

In zünftiger Bekleidung präsentieren sich Mitglieder eines Neumarkter Sportvereins – hier eine Wanderabteilung.

Die Ortsgruppe des Reichsbanners Schwarz-Rot-Gold. Diese republiktreue Organisation hielt am 5. September 1926 eine Bannerweihe, legte am 14. November Kränze auf die Ehrengräber, die Gräber der ausländischen Kriegsgefangenen und im israelitischen Friedhof nieder und veranstaltete am 27. Februar 1927 eine Gedenkfeier für den am 28. Februar 1925 verstorbenen Reichspräsidenten Friedrich Ebert.

Neben dem Rauchklub Bavaria gab es auch noch den 1902 gegründeten Rauchklub Germania. Selbst in kleineren Dörfern wie z. B. Holzheim gab es Rauchklubs.

Am 1. und 2. August 1931 feierte der Reiterverein Neumarkt sein 25. Stiftungsjubiläum: Zu sehen sind (von links) Jakob Kistner, Johann Schimmel, Hans Mersch (hinten), Konrad Daußes, Pankraz Thumann, Alois Schmid und Karl Pöringer.

Der Zweigverein des Nürnberger Jagdschutzvereins wurde am 8. März 1877 gegründet.

Die Schäfflertanzgruppe (Schäffler = Fassbinder) der Deutschen Jugendkraft bei einem Festumzug in den 1930er-Jahren.

In der Stadt wurden die Mädchen und Jungen in den Volksschulen getrennt unterrichtet – hier eine Schulklasse der städtischen Mädchenschule.

Auf dem Land waren die Schulklassen gemischt (Foto von 1937).

Kinderfasching: Zu einer ausgeprägten Hochburg des Karnevals – wie das nahe gelegene Allersberg – konnte sich Neumarkt jedoch nicht entwickeln.

Mitglieder eines Neumarkter Vereins posieren in geselliger Runde. Die Tischstandarte mit Pferdekopf könnte auf einen Reiterverein hindeuten.

Vorindustrielles Handwerk zeichnete sich durch Kleinbetriebe aus: Das Foto zeigt einen Schreinermeister mit seinen Gesellen und Lehrlingen.

Schreinermeister Josef Lang hatte seinen Handwerksbetrieb im Anwesen Regensburger Straße 5 in der Neumarkter Vorstadt.

Während eine Frau in der Hutmachergasse die Straße kehrt, belädt Schreinermeister Gustav Meckler, Hutmachergasse 3, seinen Wagen. Der Turm der Hofkirche weist noch seine alte Form auf.

Neben der Gansbrauerei und der Lammsbräu ist die Brauerei Gloßner auch heute noch eine der großen Neumarkter Bierproduzenten.

Damals wie heute: Die Jugend interessiert sich für den Fußballsport. Das am Freitag, dem 3. Mai 1929 unter „Sportliches" im „Tagblatt" groß angekündigte Fußballspiel der ersten Mannschaft des Freien Turn- und Sportvereins Neumarkt am Fohlenhof gegen eine Auswahlmannschaft der Nürnberg-Fürther Arbeitersportvereine endete mit einer 9:1-Niederlage der Neumarkter.

Heute undenkbar: Die Tankstelle Koller lag direkt neben der Konditorei Georg Wolff, das am 29. Januar 1931 als erstes Straßencafé Neumarkts die Konzession erhielt. Das Stadtbauamt machte nur zur Auflage, dass die Tische mindestens zwei Meter von der Zapfsäule entfernt sein müssen.

Die Belegschaft der Fahrradfabrik 1888 (oben) und 1897 (unten). 1887 beschäftigte die Firma 120, 1897 bereits 175 Arbeiter. Die 1884 gegründete Velocipedfabrik Goldschmidt & Pirzer wurde 1897 in die Express-Fahrradwerke Aktiengesellschaft umgewandelt, von 1918 bis 1959 firmierte sie unter Express-Fahrradfabrik.

Die einzelnen Arbeitsschritte der Fahrradherstellung waren auf verschiedene Werkshallen aufgeteilt – hier eine Produktionshalle der Expressfahrradwerke.

1897 wurde die Velocipedfabrik Neumarkt Gebr. Goldschmidt in die Express-Fahrradwerke Aktiengesellschaft umgewandelt. Jakob Goldschmidt, der Sohn des Firmengründers, bekam die Geschäftsleitung (Foto von 1898).

Im Anwesen Hallertorstraße 2 befand sich das Ladengeschäft von Heinrich Tomförde.

Das traditionsreiche Ladengeschäft Mussinan / Loichinger befand sich im Anwesen Klostergasse 25.

Bleistiftherstellung bei der Firma Faber / Staedtler, der früheren Remontenanstalt (Pferdezucht).

Die ofenhärtende Modelliermasse Fimo ist eine Spezialität der Firma Faber / Staedtler.

Auf der Brücke über den Stadtgraben in der Fortsetzung der Oberen Marktstraße stand ein Schaukasten für die Tucher-Lichtspiele, die am 23. Juli 1926 mit dem Film „Walzertraum" eröffnet wurden.

Auch im Winter fanden auf dem Rathausplatz Märkte statt.

Ein Ochsenfuhrwerk fährt von der Hallertorstraße zur Ringstraße. Ein Hallertor hat es allerdings nie gegeben, nur ein „Hallertürl" als Durchgang für Fußgänger seit 1835. 1868 wurde die Stadtmauer für den Verkehr durchbrochen.

Auch die Stadtmauer beim Viehmarkt wurde 1895 erst für Fußgänger und 1926 für den Fuhrwerk- und Automobilverkehr zur Ringstraße mit einem Durchlass versehen.

Alleebäume säumen die Staufer (später Freystädter) Straße – hier von der Abzweigung der Ringstraße aus gesehen. Im Hintergrund befindet sich eine Eisenbahnbrücke.

Kinder und Angehörige eines Kriegervereins präsentieren stolz eine Modellkanone.

Angehörige der Deutschen Arbeitsfront zeigen bei einem Gauturnfest vor dem Rathaus ihr Können.

Der Platz vor dem Rathaus diente für Sportveranstaltungen der NS-Gliederungen. Oft wurden sie am Sonntagvormittag durchgeführt, um so den Gottesdienst der nahe gelegenen Stadtpfarrkirche St. Johannes zu stören. Den gusseisernen Brunnen beim Rathaus hatte man 1935 entfernt, um Platz zu gewinnen.

Nachdem besonders in den 1920er-Jahren die Stadtkapelle Lang unter der Leitung des städtischen Musikmeisters und Komponisten Martin Lang – des „Klarinettenmuckels" – vielfältige öffentliche Konzerte bestritten hatte, erlebte sie nach dem Zweiten Weltkrieg unter der Leitung von Hans Wolf eine Renaissance.

Auch Hela Wolf wirkte im kulturellen Leben der Stadt tatkräftig mit.

93

Der Neumarkter Maler und Bildhauer Johann Koller (*1838 in Erasbach – †1920 in Neumarkt) schuf 1916 eine Statue des Torschmieds Veit Josef Jung. Bei den Kämpfen zwischen französischen Truppen, die die Stadt besetzt hielten, und österreichischen Einheiten, die die Stadt durch Beschuss zu zerstören drohten, hatte der Schmied 1796 das Obere Tor geöffnet und so die Stadt gerettet. Die Statue verbrannte 1945.

# Quellen und Literatur

*Adressbücher der Stadt Neumarkt* 1900, 1927, 1938, 1949 und 1970.
SIMON FEDERHOFER: *Herrschaftsbildung im Raum Neumarkt vom 12. bis 17. Jahrhundert* (Neumarkter Historische Beiträge Band 2), Neumarkt 1999.
KREISGRUPPE DES BAYER. JAGDSCHUTZ- UND JÄGERVERBANDES NEUMARKT I. D. OPF. (HRSG.): *125 Jahre Kreisgruppe Neumarkt i. d. OPf. des Bayerischen Jagdschutz- und Jägerverbandes 1877–2002*, Neumarkt 2002.
SIMONE LEHMEIER: *Das Neumarkter Jura-Volksfest, Facharbeit aus dem Fach Geschichte am Willibald-Gluck-Gymnasium*, Neumarkt 1999.
*Neumarkter Nachrichten*, verschiedene Jahrgänge, z. B. 1998, 2001, 2005.
*Neumarkter Tagblatt*, verschiedene Jahrgänge, z. B. 1906, 1919, 1920, 1925–1927, 1931, 1934, 1935, 1938, 1950, 1951, 1954, 1960.
HERBERT RÄDLE: *Unterwegs auf Altstraßen im Raum Neumarkt* (Neumarkter Historische Beiträge Band 6), Neumarkt o. J.
KARL RIED: *Neumarkt in der Oberpfalz*, Neumarkt 1960.
KURT ROMSTÖCK: *Neumarkt in der Oberpfalz von 1500 bis 1945*, Regensburg 1985.
KURT ROMSTÖCK/HANS BRAUN (HRSG.): *Neumarkt i. d. OPf. – eine dynamische Stadt*, Deining 1989.
KURT ROMSTÖCK: *Neumarkt in der Oberpfalz von 1945 bis 1995*, Regensburg 1994.
KURT ROMSTÖCK: *Die Bayerischen Chevaulegers. Eskadron Neumarkt*, Neumarkt 1999.
STADT NEUMARKT (HRSG.): *Alte Ansichten und Bilder aus Neumarkt in der Oberpfalz*, Fürth 1979.
STADT NEUMARKT (HRSG.): *90 Jahre Fußball in Neumarkt. Die Geschichte des Neumarkter Fußballsports von 1913 – 2003*, Neumarkt 2003.
STADTARCHIV NEUMARKT: *Ratsprotokolle des Magistrats bzw. Stadtrats*, diverse Bände.
STADTMUSEUM NEUMARKT: *… auf den Hund gekommen … Express-Werke Neumarkt – Pioniere der Zweiradindustrie*, Neumarkt 1998.

### Sutton Verlag
# BÜCHER AUS IHRER REGION

**Schwandorf** im Bombenhagel

*Alfred Wolfsteiner*

ISBN-10: 3-89702-803-4 | ISBN-13: 978-3-89702-803-6

17,90 € [D]

**Gunzenhausen**

*Werner Mühlhäußer*

ISBN-10: 3-89702-538-8 | ISBN-13: 978-3-89702-538-7

17,90 € [D]

Was war los in **Nürnberg** 1950 – 2000?

*Dietmar Bruckner*

ISBN-10: 3-89702-361-X | ISBN-13: 978-3-89702-361-1

9,90 € [D]

**Zirndorf** und seine Blechspielzeugindustrie

*Sabine Finweg und Veronika Dorrer*

ISBN-10: 3-89702-432-2 | ISBN-13: 978-3-89702-432-8

17,90 € [D]

SUTTON VERLAG